Jérusalem

Jérusalem, également appelée Yerushaláyim en hébreu et al-Quds en arabe, est une ville située au Proche-Orient. Elle revêt une grande importance religieuse pour les trois principales religions monothéistes : le judaïsme, le christianisme et l'islam.

La ville de Jérusalem est actuellement la capitale d'Israël de facto, bien que sa statut de capitale ait été proclamé et revendiqué par l'État de Palestine pour la partie Est de la ville. Cette situation est le résultat de conflits et de controverses diplomatiques persistants au sujet de la ville.

Jérusalem s'étend sur une superficie de 125,1 km² et compte une population d'environ 966 346 habitants (chiffres de janvier 2021). La ville est le chef-lieu du district de Jérusalem et est connue pour sa diversité culturelle et religieuse. La vieille ville de Jérusalem, qui couvre une superficie relativement restreinte de moins de 1 km², est historiquement divisée en quatre quartiers distincts : musulman, arménien, chrétien et juif. Ces quartiers sont entourés de remparts, dont la partie encore visible aujourd'hui a été construite entre 1535 et 1538.

Cependant, des recherches menées par Vincent Lemire ont mis en évidence le caractère artificiel de cette division quartiers au XIXe siècle, soulignant que la répartition ne reflète pas nécessairement les dynamiques historiques et démographiques passées de la vieille ville.

La ville de Jérusalem est située à environ 800 mètres d'altitude et se trouve à une distance de 33 km de la mer Morte. Elle est également 400 mètres en dessous du niveau de la mer, ce qui en fait l'une des villes les plus basses du monde par rapport au niveau de la mer.

Histoire

La topographie de Jérusalem est caractérisée par une situation géographique unique. Voici quelques points clés sur la topographie de la ville :

Emplacement géographique : Jérusalem est située entre la mer Méditerranée, qui se trouve à environ 52 kilomètres à l'ouest, et la mer Morte, à environ 22 kilomètres à l'est.

Plateau calcaire : La ville de Jérusalem repose sur un plateau calcaire, faisant partie des monts de Judée. Ce plateau présente une altitude moyenne d'environ 745 mètres au-dessus du niveau de la mer.

Mont Sion : L'un des points saillants de Jérusalem est le mont Sion, qui est situé sur ce plateau calcaire. Il constitue l'une des parties historiques et religieuses de la ville.

Variations d'altitude : La topographie de Jérusalem est caractérisée par des variations significatives d'altitude, avec des montagnes, des collines et des vallées. Les altitudes varient généralement entre 700 et 800 mètres, avec certaines parties de la ville dépassant ces altitudes. Par exemple, le mont Scopus, situé au nord-est de la ville, culmine à 826 mètres.

Vallée du Cédron : La vallée du Cédron, également appelée le ravin du Cédron, est une caractéristique topographique importante de Jérusalem. Elle s'étend en dessous des 600 mètres d'altitude et sépare certaines parties de la ville.

La topographie de Jérusalem est effectivement marquée par plusieurs montagnes et collines importantes, dont certaines ont joué un rôle significatif dans l'histoire et le développement de la ville. Voici quelques-unes de ces collines et montagnes mentionnées :

Mont Herzl : Le point le plus élevé de Jérusalem, situé à l'ouest, atteint une altitude de 834 mètres. Il est nommé en l'honneur de Theodor Herzl, un des fondateurs du sionisme.

Les sept collines de Jérusalem : Cette région vallonnée des montagnes de Judée comprend sept collines qui sont au cœur de la topographie de la ville. Elles servent de repères géographiques et de frontières invisibles entre les quartiers de Jérusalem. Les sept collines comprennent notamment les monts Moriah, Herzl (Herzlberg), des Oliviers (mont des Oliviers), Sion, Scopus, etc.

Mont Moriah : Il fait partie des collines de Jérusalem et est connu pour sa signification religieuse en tant que site du Temple de Salomon, un lieu saint pour les juifs.

Mont des Oliviers : Cette montagne s'étend sur plus de trois kilomètres à l'est de la vieille ville de Jérusalem. Elle est importante pour les trois principales religions monothéistes et est le site de plusieurs églises et lieux saints.

Mont Sion : Situé dans la vieille ville, le mont Sion est une autre montagne significative, associée à des sites religieux importants pour les juifs, les chrétiens et les musulmans.

Mont Scopus : Cette montagne est située au nord-est de Jérusalem, et elle est également le site de l'université hébraïque de Jérusalem.

La topographie de Jérusalem est caractérisée par plusieurs vallées qui l'entourent. Voici quelques-unes des principales vallées autour de la ville :

Vallée de Josaphat : Cette vallée se trouve à l'est de l'ancien Temple et descend à travers une partie de la ville pour devenir la vallée du Cédron (nahal Kidron). Elle sépare la vieille ville de Jérusalem du mont des Oliviers.

Vallée Beth Zeita : Située au nord de la vieille ville actuelle, la vallée Beth Zeita suit presque en parallèle la vallée du Cédron avant de se rejoindre au pied de l'extrémité nord-est de l'esplanade du Temple. Des piscines, telles que les piscines de Bethesda et d'Israël, sont alimentées par les pluies qui coulent dans cette vallée.

Vallée de la Géhenne (Guei Hinnom) : Cette étroite vallée à l'ouest de Jérusalem commence près de la porte de Jaffa et parfois prend le nom de "vallée de Mamilla." Elle se poursuit vers le sud avant de bifurquer vers l'est pour rejoindre la vallée transversale et la vallée de Kidron.

Vallée transversale (Tyropéon) : La vallée transversale se situe à l'ouest du mont Moriah et s'étend entre la porte de Damas au nord et la Porte des Maghrébins au sud. Une partie de cette vallée a été comblée, notamment par l'actuelle rue King David.

Vallée de Kidron : La vallée de Kidron se trouve à l'est de la vieille ville et est alimentée par les eaux de la vallée de Josaphat et de la vallée transversale. Ces trois grandes vallées (Kidron, Hinnom, et Tyropéon) se rejoignent au sud de l'Ophel, notamment au niveau de la piscine de Siloé, avant de se poursuivre vers le sud-est, en direction du désert de Judée et de la mer Morte.

Jérusalem a un climat méditerranéen avec des influences montagnardes, ce qui signifie qu'elle connaît des étés chauds et secs, ainsi que des hivers plus frais et humides. Voici quelques détails sur le climat de Jérusalem basés sur les données météorologiques fournies :

Température minimale moyenne : Les températures les plus basses sont observées en hiver, en janvier, avec une moyenne de 6,4°C.

Température moyenne : Les températures augmentent progressivement de l'hiver à l'été. En juillet et août, les mois les plus chauds, la température moyenne est d'environ 24°C.

Température maximale moyenne : Pendant les mois d'été, la température maximale moyenne peut atteindre jusqu'à 29°C. Les mois d'hiver sont plus frais, avec une moyenne d'environ 12°C en janvier.

Records de température : Les records de température vont de -6,7°C en janvier à 44,4°C en août.

Précipitations : Jérusalem connaît des précipitations principalement pendant les mois d'hiver, avec février étant le mois le plus humide, recevant plus de la moitié des précipitations annuelles. La ville reçoit en moyenne 554,1 mm de précipitations par an.

Nombre de jours avec précipitations : Il y a en moyenne 62 jours de précipitations par an à Jérusalem.

Le climat de Jérusalem montre une nette différence entre les saisons, avec des étés chauds et secs et des hivers plus frais et humides. La neige peut tomber environ une année sur trois, principalement en février. La topographie de la ville, avec ses montagnes et vallées, influence également les variations de température et de précipitations.

La démographie de Jérusalem est complexe et reflète la diversité de la ville, qui a une importance religieuse et historique pour plusieurs groupes de population. Voici quelques faits saillants concernant la démographie de Jérusalem :

Composition religieuse : En 2019, la population de Jérusalem était composée principalement de Juifs (60,3 %), de musulmans (36,8 %) et d'autres groupes religieux, y compris les chrétiens (2,9 %).

Évolution démographique : Au fil du temps, la composition de la population de Jérusalem a connu des changements significatifs. En 1947, la ville comptait 100 000 Juifs (49 %) et 105 000 Arabes et autres (51 %). En 1967, la proportion de Juifs avait augmenté à 74 %, avec 195 700 Juifs et 54 963 Arabes. En 2004, la ville comptait 65 % de Juifs (458 000) et 32 % d'Arabes (225 000).

Population chrétienne : La population chrétienne de Jérusalem a diminué au fil des ans et ne représente plus qu'un peu plus de 1 % de la population totale de la ville, soit environ 10,000 personnes. Il y a eu une diminution significative de la population chrétienne au cours du dernier siècle, alors qu'elle représentait un quart de la population il y a environ un siècle.
Taux de fécondité : En 2005, les populations juives et arabes de Jérusalem avaient un taux de fécondité identique, avec 3,9 enfants par femme. Cependant, depuis lors, la fécondité des populations juives a dépassé celle des populations musulmanes. En 2018, les populations juives avaient en moyenne 4,5 enfants par femme, tandis que les populations musulmanes avaient en moyenne 3,2 enfants par femme.
Déficit migratoire : Un autre aspect démographique important est le déficit migratoire de la ville. Chaque année, un plus grand nombre de personnes quittent Jérusalem que celles qui s'y installent. La plupart des personnes qui quittent la ville déménagent dans la banlieue proche de Jérusalem, en raison des coûts du logement moins élevés.

La ville dite « trois fois sainte »

Jérusalem est souvent appelée la "ville trois fois sainte" en raison de sa signification religieuse majeure pour trois des principales religions monothéistes du monde : le judaïsme, le christianisme et l'islam. Voici quelques-uns des lieux saints les plus notables de Jérusalem :

Le Kotel (Mur occidental) : Le Kotel, également connu sous le nom de Mur des Lamentations pour les chrétiens, est le vestige du mur de soutènement du Second Temple d'Hérode. C'est l'un des sites les plus sacrés du judaïsme et un lieu de prière important pour les Juifs.

L'église du Saint-Sépulcre : Selon la tradition chrétienne, l'église du Saint-Sépulcre abrite le tombeau du Christ. Elle est un lieu de pèlerinage majeur pour les chrétiens du monde entier.

Le Mont du Temple : Le Mont du Temple est un site d'importance majeure pour les trois religions abrahamiques. C'était autrefois le site du Temple de Jérusalem, le lieu le plus sacré du judaïsme. Aujourd'hui, il abrite la mosquée al-Aqsa, l'un des sites les plus saints de l'islam, faisant partie de l'Esplanade des Mosquées (Haram al-Sharif).

En plus de ces sites, Jérusalem abrite de nombreux autres lieux saints et sites de moindre importance, contribuant à la richesse spirituelle et historique de la ville. Cette concentration de lieux saints fait de Jérusalem un site privilégié pour les pèlerins et les croyants des trois religions, et elle est le centre de nombreuses croyances et traditions religieuses. La coexistence de ces sites sacrés est une caractéristique unique de Jérusalem, mais elle a également été le point de départ de tensions et de conflits religieux au fil de l'histoire.

La signification de Jérusalem pour les Juifs est profondément ancrée dans l'histoire religieuse et culturelle du judaïsme. La ville est considérée comme l'un des lieux les plus sacrés pour les Juifs, et son importance transcende les millénaires. Voici quelques-uns des éléments qui expliquent pourquoi Jérusalem est si significative pour les Juifs :

Histoire biblique : Jérusalem est mentionnée de nombreuses fois dans la Bible hébraïque, et son synonyme "Sion" apparaît également fréquemment. La ville a joué un rôle central dans les histoires des patriarches hébreux, du roi David et du royaume juif hasmonéen.

Lieu de culte religieux : Jérusalem était le lieu où le culte religieux était rendu à l'époque des deux Temples, le Premier Temple et le Second Temple. Le Kotel, ou Mur des Lamentations, est un vestige du Temple d'Hérode, et il est un lieu de prière important pour les Juifs du monde entier.

Attente du Messie : Selon la tradition juive, Jérusalem est le lieu où les Juifs attendent l'arrivée du Messie, un événement messianique profondément ancré dans la foi juive.

Pèlerinage religieux : Jérusalem est un lieu de pèlerinage religieux pour les Juifs lors des trois fêtes de pèlerinage (Pâques, Pentecôte, Tabernacles). La tradition juive clôture souvent les cérémonies de Pâque en disant : "L'an prochain à Jérusalem." La prière du Birkat hamazone cite Jérusalem, et la prière quotidienne des Juifs pieux est toujours adressée en se tournant vers Jérusalem, appelant au retour des exilés.

Bénédiction pour la construction de la ville : La prière juive traditionnelle bénit la construction de Jérusalem et appelle au retour des exilés, exprimant le vœu de voir Jérusalem restaurée dans la miséricorde.

Attachement à Sion : Les Juifs ont toujours eu un lien profond avec Jérusalem, souvent appelée "la fille de Sion." L'identité juive est intimement liée à la ville à travers l'héritage biblique et historique qui a été transmis de génération en génération depuis le second exil du peuple juif, dit "de Rome."

Jérusalem occupe une place centrale dans la foi chrétienne en tant que lieu associé à la vie, la crucifixion et la résurrection de Jésus de Nazareth. Voici quelques éléments expliquant pourquoi Jérusalem est si significative pour les chrétiens :

Passion du Christ : Les Évangiles chrétiens relatent les événements de la vie de Jésus à Jérusalem, depuis son entrée triomphale dans la ville jusqu'à sa crucifixion sur le mont du Calvaire, suivie de sa résurrection. Ces récits font de Jérusalem le théâtre de la Passion du Christ, un élément central de la foi chrétienne.

Lieux saints : Jérusalem abrite de nombreux lieux saints chrétiens, notamment le Cénacle, où la Cène a eu lieu, la via Dolorosa, le jardin de Gethsémani au pied du Mont des Oliviers et l'église de l'Ascension, qui sont tous des lieux de pèlerinage importants pour les chrétiens.

Martyrs et saints : Jérusalem est également associée à des martyrs et des saints chrétiens, tels que saint Étienne et saint Jacques, qui auraient été martyrisés à Jérusalem. Des sanctuaires ont été érigés en leur mémoire.

Histoire des croisades : Les croisades médiévales en Terre sainte ont renforcé le lien entre les chrétiens et Jérusalem. La ville fut la capitale du Royaume latin de Jérusalem de 1099 à 1187.

Patriarcat historique : Jérusalem est l'un des patriarcats historiques de l'Église chrétienne, aux côtés de Rome, d'Antioche, d'Alexandrie et de Constantinople.

Attente du retour du Christ : Les chrétiens croient que Jésus est monté au ciel depuis Jérusalem et qu'il reviendra un jour, au moment du Jugement dernier. Par conséquent, Jérusalem est également associée à l'attente du retour du Christ.

Pour les musulmans, Jérusalem occupe une place particulièrement importante en raison de son lien historique et religieux avec l'islam. Voici quelques éléments qui expliquent pourquoi Jérusalem est si significative pour les musulmans :

Voyage nocturne du Prophète Mahomet : La tradition musulmane enseigne que le Prophète Mahomet a effectué son voyage nocturne (Isra) depuis La Mecque jusqu'à Jérusalem en l'an 620 de notre ère. De là, il aurait ensuite entrepris son ascension au ciel (Mi'raj). Cela est considéré comme un événement majeur dans la vie du Prophète et confère à Jérusalem une signification particulière pour les musulmans.

Al-Aqsa, la Mosquée la Plus Lointaine : L'Esplanade des Mosquées, appelée al-Ḥaram aš-Šarīf (Noble Sanctuaire), abrite la mosquée al-Aqsa, ce qui signifie "la plus lointaine." Cette mosquée est identifiée comme le lieu vers lequel le Prophète Mahomet aurait effectué son voyage nocturne, ce qui la rend extrêmement sainte pour les musulmans.

Orientation de la prière : Au début de l'islam, les musulmans priaient en direction de Jérusalem. Bien que cette orientation ait ensuite été modifiée pour faire face à La Mecque, le lien initial entre Jérusalem et l'islam est historique et religieux.

Tradition prophétique : La ville de Jérusalem est associée aux prophètes de l'islam, tels que le prophète David (Dāwūd) et le prophète Salomon (Sulaymān), qui sont mentionnés dans le Coran. Jérusalem est donc considérée comme une cité des prophètes.

Mémorial prophétique : Jérusalem est également vue comme un mémorial prophétique en raison de son rôle dans le mi'raj, l'ascension du Prophète Mahomet au ciel, un événement fondamental dans la piété populaire et mystique musulmane.

Troisième lieu saint de l'islam : Jérusalem est reconnue comme le troisième lieu saint de l'islam, après La Mecque et Médine. Cette reconnaissance a évolué au fil du temps, mais depuis le XIIe siècle, Jérusalem est devenue de plus en plus importante pour les musulmans en tant que lieu saint.

Malgré des évolutions dans la perception de Jérusalem parmi les musulmans au cours de l'histoire, la ville reste un symbole de grande importance pour l'islam, étant associée à des événements et des figures religieuses majeures. Elle est un lieu de prière, de piété et de mémoire religieuse pour les musulmans du monde entier.

Administration et politique

La situation de Jérusalem est l'une des questions les plus complexes et les plus controversées du conflit israélo-palestinien, et elle a des implications internationales importantes. Voici quelques éléments clés de la situation actuelle :

Revendications concurrentes : Les deux parties, Israël et la Palestine, revendiquent Jérusalem comme leur capitale. Israël a proclamé Jérusalem comme sa capitale en 1949, tandis que les Palestiniens ont également revendiqué Jérusalem-Est comme capitale de l'État de Palestine.

Occupation et annexion : Israël a conquis Jérusalem-Est et d'autres territoires lors de la guerre des Six Jours en 1967. Après cette guerre, Israël a annexé Jérusalem-Est, une décision qui n'a pas été reconnue par la communauté internationale. L'occupation de Jérusalem-Est est contestée par les Palestiniens et de nombreux pays.

Statut international : La communauté internationale, y compris les Nations Unies, ne reconnaît pas Jérusalem-Est comme faisant partie d'Israël et considère cette partie de la ville comme "occupée". L'avenir de Jérusalem-Est est considéré comme une question clé à résoudre dans le cadre de négociations de paix entre Israël et la Palestine.

Retrait des ambassades : La plupart des pays du monde ont retiré leurs ambassades de Jérusalem en signe de désapprobation de la décision d'Israël de proclamer Jérusalem comme sa capitale réunifiée en 1980. Ils estiment que le statut de Jérusalem doit être déterminé par des négociations entre Israël et les Palestiniens.

Statut des lieux saints : Jérusalem abrite des sites religieux sacrés pour les trois principales religions monothéistes (judaïsme, christianisme, islam), ce qui rend la question encore plus délicate. La gestion et le statut de ces lieux saints sont une préoccupation majeure dans le contexte du conflit.

Processus de paix : Le statut de Jérusalem-Est est l'une des questions centrales des négociations de paix entre Israël et les Palestiniens, visant à trouver une solution à long terme au conflit. Cependant, les négociations ont été souvent interrompues et les divergences persistent.

Les limites administratives de la municipalité de Jérusalem ont évolué au fil du temps, en particulier en raison des conflits et des guerres. Voici quelques points clés concernant ces limites :

Avant la guerre des Six Jours (1967) : La municipalité israélienne administrait une partie de la ville couvrant environ 38 km2. La partie restante de Jérusalem, y compris la Vieille ville, était sous le contrôle de la Jordanie.

Après la guerre des Six Jours (1967) : Suite à la guerre des Six Jours, Israël a conquis et annexé Jérusalem-Est, élargissant ainsi le territoire municipal à environ 71 km2. Cette annexion n'a pas été reconnue par la communauté internationale.

Loi de Jérusalem de 1980 : En 1980, Israël a adopté la Loi de Jérusalem, déclarant que Jérusalem était la "capitale éternelle et indivisible" d'Israël. Cette loi a renforcé la revendication d'Israël sur toute la ville de Jérusalem, y compris Jérusalem-Est.

Amendement de 2000 : En 2000, un amendement a été apporté pour définir définitivement les limites de la municipalité de Jérusalem. Cela a établi que la municipalité couvrirait une superficie totale de 125 km2 en 2016.

Le statut de Jérusalem est au cœur du conflit israélo-palestinien et continue de susciter des débats complexes, des tensions et des revendications de la part des parties concernées. Voici quelques points clés concernant la question du statut de Jérusalem :

Contexte historique : Avant la guerre des Six Jours en 1967, Jérusalem était divisée entre Jérusalem-Ouest (Israël) et Jérusalem-Est (Jordanie), avec la "ligne verte" servant de démarcation. Les accords d'armistice de 1949 ont laissé ouverte la question des revendications territoriales sur ces zones.

Annexion d'Israël : Après la guerre des Six Jours, Israël a conquis et annexé Jérusalem-Est, y compris la Vieille ville, ce qui a été largement critiqué par la communauté internationale.

Lois et résolutions internationales : La Loi fondamentale israélienne de 1980 a déclaré Jérusalem comme la "capitale éternelle et indivisible" d'Israël. Toutefois, les résolutions de l'ONU, notamment la résolution 478, ont condamné cette décision et appelé les pays à retirer leurs ambassades de la ville, considérant que l'acquisition de territoire par la force est inadmissible.

Rôle de la Jordanie : En 1988, le roi Hussein de Jordanie a abandonné les revendications de souveraineté de la Jordanie sur la Cisjordanie et Jérusalem-Est en faveur de l'Organisation de libération de la Palestine (OLP).

Traité de paix israélo-jordanien : En 1994, le Traité de paix israélo-jordanien a été signé, fixant les frontières internationales entre Israël et la Jordanie. Cependant, le statut de Jérusalem-Est a été réservé pour des négociations futures.

Initiative de Genève : L'Initiative de Genève, un plan de paix alternatif, propose un partage de la souveraineté sur Jérusalem, qui serait la capitale des deux États, dans le cadre d'un règlement global du conflit israélo-palestinien.

Divergences archéologiques : Les deux parties s'accusent mutuellement de mener des travaux archéologiques pour étayer leurs revendications sur la ville, ce qui engendre des inquiétudes concernant la préservation du patrimoine et de la stabilité des sites religieux.

La position d'Israël concernant Jérusalem est la suivante :

Jérusalem comme capitale : Israël considère Jérusalem comme sa capitale éternelle et indivisible. En 1980, la Knesset, le parlement israélien, a adopté la Loi de Jérusalem, déclarant Jérusalem comme la capitale officielle de l'État d'Israël.

Réunification de Jérusalem : Après la guerre des Six Jours en 1967, Israël a conquis Jérusalem-Est, y compris la Vieille ville, et a déclaré la réunification de la ville. Israël revendique sa souveraineté sur toute la ville.

Contrôle de l'esplanade des Mosquées : Israël a confirmé que le contrôle de l'esplanade des Mosquées, également connue sous le nom de mont du Temple, reste sous la juridiction d'un organisme musulman appelé le Waqf. Cette mesure vise à respecter les droits religieux des musulmans sur ce site.

Manque de reconnaissance internationale : Malgré la proclamation d'Israël, aucune nation n'a reconnu Jérusalem comme la capitale d'Israël après 1967, en raison du non-respect du droit international qui considère l'annexion de Jérusalem-Est comme nulle et non avenue.

Tentatives de négociation : Israël a participé à des négociations de paix, notamment lors du sommet de Camp David II en 2000, où des propositions de souveraineté palestinienne sur certains quartiers de Jérusalem-Est ont été faites, mais les négociations n'ont pas abouti.

La position de l'OLP (Organisation de libération de la Palestine) et de l'autorité palestinienne est la suivante :

Capitale à Jérusalem : Dès le début du Mandat britannique et tout au long de leur lutte nationaliste, les Palestiniens ont revendiqué le contrôle de l'ensemble de la Palestine, avec Jérusalem comme capitale. Lors de la proclamation d'un État palestinien par l'OLP en 1988, Jérusalem a été choisie comme capitale.

Siège de l'OLP : L'OLP avait un siège officieux à Jérusalem, appelé la « Maison d'Orient », dirigée par Fayçal Husseini. Ce siège servait de représentation palestinienne dans la ville. Cependant, en 2001, cette institution a été fermée de force par Israël.

Origine des réfugiés palestiniens : Jérusalem est également la ville d'origine de nombreux réfugiés palestiniens, qui souhaitent retourner y vivre. La question du statut final de Jérusalem est donc étroitement liée à la question des réfugiés palestiniens.

L'OLP et l'autorité palestinienne continuent de revendiquer Jérusalem comme leur capitale, et ils considèrent que le statut final de la ville doit être négocié dans le cadre d'un règlement global du conflit israélo-palestinien. Cette revendication a été un point de discorde majeur dans les négociations de paix entre Israël et les Palestiniens.

Le Saint-Siège, représentant officiel de l'Église catholique, n'accepte pas l'annexion de Jérusalem par Israël et préconise un statut spécial, internationalement garanti pour la ville. Il déclare que toute décision ou action unilatérale visant à modifier le caractère spécifique et le statut de Jérusalem est moralement et juridiquement inacceptable.

Le Vatican, en tant qu'institution religieuse et en tant qu'observateur permanent auprès des Nations Unies, joue un rôle dans la promotion de la paix et de la justice au Moyen-Orient. Il appelle à des négociations pacifiques pour résoudre les différends concernant Jérusalem et considère que la ville a une signification spirituelle et historique pour de nombreuses religions, ce qui justifie un statut spécial et une protection internationale.

La position du Saint-Siège reflète son engagement en faveur de la paix et de la justice dans la région et son désir de préserver le caractère sacré de Jérusalem pour toutes les religions qui y ont des liens historiques et religieux.

La position de l'ONU concernant Jérusalem est basée sur plusieurs résolutions qui remontent aux premiers jours de la création d'Israël en 1947. Les résolutions les plus importantes à cet égard sont les résolutions 476 et 478 du Conseil de sécurité, ainsi que la résolution adoptée lors de la dixième session extraordinaire de l'Assemblée générale en 2017 :

Résolution 476 du Conseil de sécurité de l'ONU : Cette résolution, adoptée en 1980, déclare que la loi israélienne établissant Jérusalem comme capitale éternelle et indivisible est nulle et non avenue. Elle affirme que cette loi constitue une violation du droit international.

Résolution 478 du Conseil de sécurité de l'ONU : Cette résolution, également adoptée en 1980, réaffirme la position du Conseil de sécurité selon laquelle la loi israélienne sur Jérusalem est nulle et non avenue. Elle invite tous les États membres de l'ONU à retirer leurs missions diplomatiques de Jérusalem. En d'autres termes, elle demande aux pays de ne pas reconnaître Jérusalem comme capitale d'Israël et de ne pas y établir leurs ambassades.

Résolution de l'Assemblée générale de l'ONU en 2017 : Cette résolution a été adoptée lors de la dixième session extraordinaire de l'Assemblée générale en réaction à la décision du président américain Donald Trump de déplacer l'ambassade américaine à Jérusalem. La résolution demande aux États de s'abstenir d'établir leur ambassade à Jérusalem et déclare nulle et non avenue toute décision contraire. Malgré les pressions des États-Unis, la résolution a été largement adoptée par 128 voix pour, 9 voix contre et 35 abstentions.

Le plan de partage de la Palestine de novembre 1947, proposé par l'ONU à l'expiration du mandat britannique, avait pour objectif de résoudre la question de Jérusalem et de Bethléem en créant un corpus separatum. Voici un bref historique des résolutions de l'ONU concernant Jérusalem :

1968 : Résolution 252 : Cette résolution a été adoptée en réponse à l'occupation israélienne de Jérusalem-Est lors de la guerre des Six Jours en 1967. Elle a rappelé à Israël que l'acquisition de territoire par la force est inadmissible en droit international et a appelé Israël à mettre fin à l'occupation.

1969 : Résolutions 267 et 271 : Ces résolutions ont été adoptées pour réaffirmer les principes de la résolution 252 et condamner l'occupation israélienne de Jérusalem-Est.

1971 : Résolution 298 : Cette résolution a réitéré les principes des résolutions précédentes, appelant Israël à mettre fin à l'occupation de Jérusalem-Est.

1980 : Résolutions 465, 476 et 478 : Ces résolutions ont été adoptées en réponse à la loi israélienne déclarant Jérusalem comme capitale éternelle et indivisible d'Israël. Elles ont déclaré cette loi nulle et non avenue et ont appelé les États membres de l'ONU à retirer leurs missions diplomatiques de Jérusalem.

1996 : Résolution 1073 : Cette résolution a continué de réaffirmer le statut de Jérusalem conformément aux résolutions antérieures de l'ONU.

La question du statut de Jérusalem a suscité différentes positions internationales au fil du temps. Voici un aperçu de certaines de ces positions :

Avant 1973, certains pays africains avaient des ambassades à Jérusalem. Cependant, après la guerre du Kippour en 1973, de nombreux pays africains ont rompu leurs relations diplomatiques avec Israël.

En 1980, après l'adoption de la loi israélienne déclarant Jérusalem comme capitale éternelle et indivisible d'Israël, 13 pays avaient des ambassades à Jérusalem. Suite à la résolution 478 de l'ONU, ces ambassades ont été déplacées à Tel Aviv. En 1984, le Costa Rica et le Salvador ont temporairement déplacé leurs ambassades à Jérusalem, mais elles ont ensuite été ramenées à Tel Aviv en 2006.

Le Congrès des États-Unis a adopté en 1995 la Jerusalem Embassy Act, reconnaissant Jérusalem comme la capitale d'Israël et prévoyant le déplacement de l'ambassade américaine à Jérusalem. Cependant, cette décision a été reportée à plusieurs reprises jusqu'en 2017, lorsque le président Donald Trump a officialisé la reconnaissance de Jérusalem comme capitale et a donné des instructions pour déplacer l'ambassade.

La décision de Donald Trump a été largement critiquée par des alliés des États-Unis et par l'Assemblée générale des Nations Unies. Elle a suscité des préoccupations parmi les pays arabes et musulmans.

L'Union européenne a appelé à partager Jérusalem comme capitale conjointe de deux États, israélien et palestinien. Les Vingt-Sept membres de l'UE ont déclaré qu'ils ne reconnaîtraient aucun changement au statut de la ville sans négociation.

L'Australie a reconnu Jérusalem-Ouest comme capitale d'Israël en 2018, mais n'a pas déplacé son ambassade. Le Premier ministre a conditionné tout transfert de l'ambassade à un accord de paix.

En septembre 2023, la Papouasie-Nouvelle-Guinée a établi son ambassade auprès d'Israël à Jérusalem, devenant ainsi le cinquième pays à prendre cette mesure.

Les statistiques concernant la démographie de Jérusalem et les changements de population au fil du temps sont sujettes à des débats et à des interprétations diverses. Voici quelques éléments relatifs aux statistiques et aux opinions concernant la démographie de Jérusalem :

En 1967, après la guerre des Six Jours, les autorités israéliennes ont recensé environ 66 000 Palestiniens résidant dans le territoire annexé par Israël, dont environ 44 000 à Jérusalem-Est, qui était précédemment occupée par la Jordanie. À l'époque, il n'y avait pratiquement aucun résident juif à Jérusalem-Est en raison de l'expulsion des Juifs par l'armée jordanienne en 1948.

L'ONU a critiqué Israël dans plusieurs résolutions concernant Jérusalem, soulignant que des mesures administratives ou législatives visant à altérer la composition démographique de la ville ne sont pas valides du point de vue du droit international.

Certains experts et politologues, comme Miron Benvisti, ont fait remarquer qu'il n'existe pas de statistiques officielles permettant d'établir avec précision les changements démographiques à Jérusalem. Certains considèrent que la proportion démographique n'a pas connu de changement significatif.

D'autres experts, comme Dan Diker, critiquent le concept de "judéisation" de Jérusalem, faisant valoir que la ville était à majorité juive jusqu'à l'occupation jordanienne en 1948. Selon Diker, la proportion de population arabe à Jérusalem serait passée de 26,6 % en 1967 à 31,7 % en 2000, et le nombre de nouvelles constructions dans les quartiers arabes serait plus élevé que dans les quartiers juifs.

La question de l'évolution démographique et territoriale à Jérusalem, en particulier à Jérusalem-Est, est un sujet complexe et controversé. Voici quelques points importants à considérer :

Loi de Jérusalem de 1980 : En 1980, Israël a adopté la Loi de Jérusalem, proclamant Jérusalem comme une ville "unie" et "indivisible" et étendant ses frontières municipales. Cette loi a été largement critiquée sur la scène internationale, car elle a été perçue comme une tentative d'Israël de modifier l'équilibre démographique de la ville en faveur des Juifs.

Colonies juives : La présence de colonies juives dans les environs de Jérusalem, telles que Giv'at Ze'ev, Kedar, et Ma'aleh Adumim, a été considérée comme un facteur contribuant à l'augmentation de la population juive dans la région de Jérusalem. Cela a également suscité des préoccupations quant à l'encerclement des quartiers arabes de Jérusalem-Est.

Barrière de séparation : La construction de la barrière de séparation, qui est en grande partie constituée de murs et de clôtures, a eu un impact significatif sur Jérusalem. Cette barrière a été érigée pour des raisons de sécurité, mais elle a également imposé des frontières non reconnues par la communauté internationale. Elle a affecté la vie quotidienne des Palestiniens de Jérusalem en limitant leur accès à d'autres parties de la Cisjordanie.

Politique d'encerclement : Certains observateurs estiment que les quartiers arabes de Jérusalem-Est sont victimes d'une politique d'encerclement, en partie en raison des modifications des limites municipales et de la présence des colonies. Cela pourrait avoir un impact sur la vie des résidents palestiniens en les isolant davantage.

Mesures discriminatoires : Les critiques soutiennent que certaines mesures administratives, telles que la confiscation de cartes d'identité, le retrait de permis de résidence, des politiques fiscales discriminatoires et des restrictions sur la construction, ont affecté la population arabe de Jérusalem-Est. Ces mesures ont été qualifiées de discriminatoires par des organisations internationales de défense des droits de l'homme.

Économie

L'économie de Jérusalem a évolué au fil du temps, passant d'une économie centrée sur les pèlerinages religieux à une économie plus diversifiée, avec un accent sur le tourisme et les entreprises publiques d'Israël. Voici quelques points clés sur l'économie de Jérusalem :

Pèlerinages religieux et tourisme : Historiquement, Jérusalem était un lieu majeur pour les pèlerinages religieux, ce qui en a fait un centre économique important. De nos jours, le tourisme joue un rôle clé dans l'économie de la ville. Jérusalem attire des visiteurs du monde entier en raison de son importance religieuse et de ses sites historiques.

Intervention du gouvernement : Le gouvernement israélien est un acteur majeur dans l'économie de Jérusalem. Il crée de nombreux emplois et favorise un environnement favorable à la création d'entreprises. Il existe également des entreprises publiques opérant dans divers secteurs.

Secteur de la haute technologie : Bien que Tel Aviv soit le centre financier d'Israël, Jérusalem connaît une croissance dans le secteur de la haute technologie. De plus en plus d'entreprises high-tech s'installent dans la ville, notamment dans la zone industrielle Har Hatzvin, où des entreprises telles qu'Intel, Teva Pharmaceutical et ECI Telecom sont présentes.

Industries traditionnelles : Jérusalem abrite également des industries traditionnelles, notamment la fabrication de chaussures, le textile, l'industrie pharmaceutique, la production de produits métalliques et d'articles imprimés. Ces usines sont souvent situées dans des zones industrielles spécifiques, comme la zone industrielle d'Atarot au nord de la ville.

Art et culture

La pierre de Jérusalem, également connue sous le nom de "pierre calcaire de Jérusalem," est un matériau de construction caractéristique utilisé depuis l'Antiquité dans la région de Jérusalem. Cette pierre est extraite principalement des montagnes de Judée, situées aux alentours de Jérusalem. Elle est réputée pour sa qualité et son apparence, en particulier la variété appelée "or gris" ou "grey gold." La tradition de l'utilisation de cette pierre est enracinée dans l'histoire de la construction de la ville.

Les monuments et sites historiques de Jérusalem sont construits en grande partie en utilisant cette pierre distinctive. Voici quelques exemples de monuments et de sites archéologiques importants à Jérusalem :

Le Mur Occidental (Mur des Lamentations) : Ce mur est un site sacré pour le judaïsme et est construit en grande partie en pierre de Jérusalem. Il est le seul vestige restant du Second Temple de Jérusalem.

La mosquée al-Aqsa et le Dôme du Rocher : Ces importants sites religieux de l'islam se trouvent sur l'Esplanade des Mosquées à Jérusalem et utilisent également la pierre de Jérusalem dans leur construction.

L'Église du Saint-Sépulcre : Ce lieu saint du christianisme est un autre exemple de l'utilisation de la pierre de Jérusalem dans la construction de monuments religieux.

Les murailles de la Vieille Ville : Les murailles entourant la Vieille Ville de Jérusalem, construites au XVIe siècle, sont en grande partie faites de pierre de Jérusalem.

Sites archéologiques : Jérusalem est riche en sites archéologiques, dont les écuries de Salomon et la Cité de David, qui offrent un aperçu de l'histoire ancienne de la ville.

Le Musée national d'Israël, fondé en 1965, est l'un des musées les plus riches du Moyen-Orient. Il abrite une collection variée de près de 500 000 œuvres, couvrant des périodes allant de la préhistoire à l'époque moderne. Le musée est organisé en cinq ailes thématiques, chacune offrant un aperçu différent de l'histoire, de la culture et de l'art :

Archéologie : Cette section présente des artefacts issus de fouilles archéologiques qui retracent l'histoire de la région depuis la préhistoire jusqu'à l'Antiquité.

Beaux-arts : Cette aile abrite des collections d'art allant de la peinture à la sculpture, couvrant diverses époques et mouvements artistiques.

Judaïca : Cette section se concentre sur l'ethnologie juive et propose des expositions liées à la culture juive, aux coutumes et à l'histoire.

Sanctuaire du Livre : Le musée abrite les célèbres manuscrits de la Mer Morte, parmi les plus anciens manuscrits bibliques au monde. Ils sont exposés dans le bâtiment du Sanctuaire du Livre, conçu pour les préserver.

Jeunesse et médiation culturelle : Cette aile propose des programmes visant à encourager la compréhension entre les jeunes juifs et arabes. Elle favorise l'éducation et la médiation culturelle.

En plus de ces cinq ailes, le musée présente une spectaculaire maquette de Jérusalem à l'époque du Second Temple, des répliques à l'identique de synagogues européennes du XVIIe siècle, et le célèbre Jardin d'art Billy Rose conçu par le sculpteur Isamu Noguchi. Ce jardin est réputé pour sa beauté artistique et accueille divers événements culturels et artistiques.

Le Musée national d'Israël est situé sur un campus de plus de 80 000 mètres carrés et attire près d'un million de visiteurs chaque année, dont de nombreux touristes. En plus de son campus principal, le musée a des antennes dans d'autres bâtiments de Jérusalem, dont la Maison Ticho et le musée Rockefeller, où il propose diverses expositions et programmes culturels.

Le Musée des pays de la Bible de Jérusalem est un musée unique en son genre, explorant et retraçant la civilisation et la culture des peuples mentionnés dans la Bible. Sa collection archéologique couvre une vaste période, de la préhistoire à la rédaction du Talmud au début de l'ère chrétienne. Il propose également des conférences sur divers aspects culturels de la région et est devenu un centre renommé pour la programmation culturelle et éducative internationale.

Le Musée d'art islamique de Jérusalem, fondé par Lady Vera Salomons, est le seul musée de ce type en Israël. Il abrite l'une des plus importantes collections au monde d'art islamique, couvrant une période allant du VIIe au XIXe siècle. Cette collection comprend plus de 3 000 pièces rares provenant de diverses régions, ce qui permet aux visiteurs de découvrir les raffinements de l'art et de la culture musulmans. Le musée propose à la fois des collections permanentes et des expositions temporaires, ainsi qu'une collection de montres et horloges remarquables. Il s'engage également dans des partenariats culturels et éducatifs en Israël et à l'étranger pour promouvoir le dialogue entre les communautés arabes et juives, conformément à la vision de sa fondatrice.

Les parcs de Jérusalem offrent également une expérience culturelle unique. Le parc Rabinovitch, également connu sous le nom de Mifletzet (Monster) Park, abrite une sculpture monumentale appelée "Le Golem" réalisée par l'artiste Niki de Saint Phalle en 1972. Le parc contient également une œuvre d'Alexander Calder intitulée "Hommage à Jérusalem". Ces sculptures se trouvent sur le mont Herzl, à l'ouest de Jérusalem.

Un autre parc, le Zoo biblique de Jérusalem, présente de nombreuses sculptures monumentales d'animaux créées par Niki de Saint Phalle en 1994, sous le titre "L'Arche de Noé". Ces parcs ajoutent une dimension artistique et culturelle à la ville de Jérusalem.

Vie sociale

Jérusalem est en effet une ville d'une grande importance religieuse pour plusieurs des principales religions monothéistes, à savoir le judaïsme, le christianisme et l'islam. Chacune de ces religions considère Jérusalem comme un lieu saint, et la ville joue un rôle central dans leur foi et leurs croyances. Voici un aperçu de l'importance de Jérusalem pour ces trois religions :

Judaïsme : Jérusalem est l'une des villes les plus sacrées du judaïsme. Le Mont du Temple, situé dans la vieille ville de Jérusalem, est le lieu le plus saint du judaïsme, étant le site du Premier et du Second Temple. Le Mur occidental (Mur des Lamentations) est un lieu de prière important pour les Juifs du monde entier.

Christianisme : Pour les chrétiens, Jérusalem est associée à la vie, la crucifixion et la résurrection de Jésus-Christ. L'église du Saint-Sépulcre à Jérusalem est considérée comme le lieu de la crucifixion et de la résurrection de Jésus, faisant de la ville un lieu de pèlerinage majeur pour les chrétiens.

Islam : Dans l'islam, Jérusalem a une importance particulière en tant que troisième lieu saint après La Mecque et Médine. Le complexe de la mosquée al-Aqsa à Jérusalem est l'un des sites les plus saints de l'islam, associé à la nuit du voyage du Prophète Muhammad.

Jérusalem est le siège de plusieurs institutions éducatives de renommée mondiale. Voici quelques-unes des universités et institutions d'enseignement les plus notables de la ville :

Université hébraïque de Jérusalem : Fondée en 1925, elle est l'une des universités les plus prestigieuses du monde. Elle propose un large éventail de programmes d'enseignement supérieur et compte des lauréats du prix Nobel parmi ses anciens élèves.

Université al-Qods : Fondée en 1984, elle a son campus principal à Abu Dis, à l'est de Jérusalem. Elle est un important centre d'enseignement supérieur pour les étudiants palestiniens, offrant une variété de programmes académiques.

Académie de musique et de danse de Jérusalem : Cette institution est renommée pour ses programmes en musique et en danse. Elle a formé de nombreux musiciens et danseurs talentueux au fil des ans.

École des beaux-arts Bezalel : Cette école d'art a une longue histoire et est reconnue pour son enseignement artistique de haute qualité.

Faculté des Technologies de Jérusalem : Fondée en 1969, elle offre des programmes d'ingénierie et de haute technologie de réputation mondiale.

En plus de ces établissements, Jérusalem abrite de nombreuses autres écoles, collèges et instituts de formation couvrant divers domaines académiques. La ville a une riche tradition éducative qui reflète sa diversité culturelle et religieuse.

Jérusalem possède également d'importantes bibliothèques, notamment la Bibliothèque nationale d'Israël, qui est l'une des plus grandes bibliothèques du pays et abrite une collection impressionnante de livres en hébreu et sur le judaïsme.

L'inégalité dans le système éducatif à Jérusalem, en particulier entre les étudiants juifs et arabes, est une préoccupation majeure et une source de critiques. Voici quelques-unes des principales critiques concernant l'éducation à Jérusalem :

Inégalité des ressources : Les écoles arabes de Jérusalem sont souvent sous-financées par rapport aux écoles juives. Cela se traduit par un manque de ressources, de personnel enseignant qualifié et d'infrastructures adéquates dans les écoles arabes.

Surpopulation : De nombreuses écoles arabes à Jérusalem sont surpeuplées en raison de la croissance démographique de la population arabe. Cela peut entraîner des conditions d'apprentissage difficiles et des classes surchargées.

Qualité de l'enseignement : Les critiques soutiennent que la qualité de l'enseignement dans les écoles arabes est inférieure à celle des écoles juives. Cela peut être dû à divers facteurs, notamment le manque de ressources et le recrutement d'enseignants qualifiés.

Inégalité d'accès à l'éducation supérieure : Les étudiants arabes de Jérusalem ont parfois moins d'opportunités d'accéder à l'enseignement supérieur en raison de l'inégalité des ressources éducatives dans les écoles primaires et secondaires.

Barrières linguistiques : L'enseignement dans les écoles arabes est généralement en arabe, tandis que dans les écoles juives, il est principalement en hébreu. Cela peut créer des barrières linguistiques pour les étudiants arabes qui souhaitent poursuivre des études supérieures en hébreu.

Jérusalem abrite de nombreux hôpitaux et centres médicaux qui offrent des soins de santé dans divers domaines. Voici une liste de certains des hôpitaux et centres médicaux de Jérusalem :

Centre pédiatrique de Réinsertion Alyn
Hôpital Augusta Victoria
Hôpital Bikur Holim
Centre médical Hadassah (Ein Kerem)
Centre médical Hadassah (mont Scopus)
Hôpital Hansen
Hôpital Herzog
Hôpital Kfar Shaul (spécialisé dans la psychiatrie et le "syndrome de Jérusalem")
Hôpital de l'université Al-Qods (Muqased)
Centre médical Shaare Zedek
Hôpital ophtalmique St. John
Hôpital St-Joseph
Hôpital St-Louis (spécialisé dans les soins gériatriques et palliatifs)
Hôpital Summit

Voici quelques-uns des quartiers de Jérusalem-Ouest :

German Colony (Colonie allemande) : Un quartier huppé situé dans le district de Katamon, fondé en 1873 par des Allemands protestants du mouvement sectaire "Temple Society." Le quartier conserve son charme avec des maisons en pierre et des jardins, et il est habité par une population plutôt aisée.

Méa Shéarim : Un quartier situé au nord-ouest de la vieille ville, construit en 1874 en dehors de ses murs. Il abrite des Juifs ultra-orthodoxes qui se consacrent principalement à l'étude religieuse.

Mamilla : Un quartier d'habitation et de commerce à l'extérieur ouest de la porte de Jaffa. Après une rénovation urbaine majeure dans les années 2000, Mamilla est devenu un espace de vie avec des structures historiques restaurées, des centres commerciaux, des restaurants et des parcs.

Ces quartiers reflètent la diversité de Jérusalem et son mélange de cultures, d'histoire et de traditions. Chacun d'eux offre une expérience unique de la ville.

Le sport à Jérusalem comprend plusieurs activités populaires, notamment le football et le basket-ball. Voici quelques informations clés :

Football : Le Beitar Jérusalem Football Club est l'équipe de football la plus connue de Jérusalem. Ils ont remporté la coupe d'Israël de football à plusieurs reprises. Une autre équipe de football notable est le Hapoel Katamon F.C., qui évolue en troisième division.

Basket-ball : Le Hapoel Jérusalem est l'équipe de basket-ball la plus en vue de la ville, jouant dans la première division israélienne. Le club a remporté le championnat d'Israël de basket-ball trois fois et la coupe ULEB en 2004.

Stade Teddy Kollek : Inauguré en 1992, c'est le plus grand stade de football de Jérusalem, avec une capacité de 21 000 places.

Marathon de Jérusalem : Le marathon de Jérusalem a été créé en 2011 et est devenu une course populaire avec une participation internationale croissante. Le parcours traverse des sites emblématiques de la ville, offrant une expérience unique aux coureurs.

Le sport joue un rôle important dans la vie quotidienne des habitants de Jérusalem et contribue à la diversité culturelle de la ville.

Jérusalem abrite plusieurs institutions gouvernementales et culturelles d'Israël, en voici quelques-unes :

La Knesset : La Knesset est l'assemblée nationale d'Israël, où les membres du Parlement israélien se réunissent pour légiférer et prendre des décisions politiques importantes. Elle est située à Jérusalem.

La Cour suprême : La Cour suprême d'Israël, l'organe judiciaire le plus élevé du pays, se trouve également à Jérusalem.

Ministère des Affaires étrangères : Le ministère des Affaires étrangères d'Israël, qui gère les relations internationales et la diplomatie du pays, est basé à Jérusalem.

Banque d'Israël : La Banque d'Israël, l'institution responsable de la politique monétaire et financière, a son siège à Jérusalem.

Siège national de la police israélienne : Le siège de la police nationale d'Israël est situé dans la ville.

Yad Vashem : Yad Vashem est le mémorial de la Shoah, qui commémore les victimes de l'Holocauste. Il se trouve à Jérusalem.

Yad Ben-Zvi : Yad Ben-Zvi est une institution de recherche et un centre d'études sur l'histoire d'Israël et du Moyen-Orient.

École biblique et archéologique française : Cette école se consacre à la recherche archéologique et biblique, ce qui contribue grandement à la compréhension de l'histoire ancienne de la région.

Cimetière national d'Israël : Le mont Herzl abrite le cimetière national d'Israël, où de nombreuses personnalités et soldats israéliens sont enterrés.

Toutes ces institutions contribuent à la vie politique, culturelle et historique d'Israël, renforçant le rôle de Jérusalem en tant que centre névralgique du pays.

Jérusalem dispose de plusieurs moyens de transport, notamment :

Transport aérien : L'aéroport le plus proche de Jérusalem est l'aéroport d'Atarot, situé au nord de la ville. Cependant, il n'est plus en service commercial pour les vols intérieurs israéliens depuis 2000, et les vols ont été transférés à l'aéroport Ben Gourion, près de Tel Aviv.

Transports routiers : La coopérative d'autobus Egged est la deuxième plus grande compagnie d'autobus au monde et dessert la plupart des localités autour de Jérusalem. La gare routière centrale se trouve près de l'entrée ouest de la ville. Jérusalem-Est dispose également de sa propre gare routière, qui dessert les localités palestiniennes de Cisjordanie.

Transports ferroviaires : Jérusalem est reliée à Tel Aviv par le chemin de fer depuis 1892. La ligne a été rénovée et modernisée, avec l'ouverture de la nouvelle gare de Jérusalem Malha, dans le sud de la ville. Une nouvelle ligne de chemin de fer à grande vitesse est en construction pour relier Tel Aviv à Jérusalem en environ 28 minutes.

Tramway : La première ligne du tramway de Jérusalem est en service depuis 2011. Elle s'étend sur 13,8 km et dessert 23 stations de Heil Ha-Aus au nord à Mont Herzl au sud-ouest. La ligne est exploitée par le groupe de transports israélien Egged Holding Ltd.

Ces systèmes de transport offrent aux résidents et aux visiteurs de Jérusalem des moyens de déplacement pratiques pour se déplacer dans la ville et ses environs.

Le blason de Jérusalem est un symbole important de la ville. Il représente un lion en posture rampante, symbolisant le Lion de Juda, avec un arrière-plan représentant le Mur occidental et des rameaux d'olivier pour symboliser la paix. Le mot "Jérusalem" est inscrit en hébreu (ירושלים, Yerushaláyim) en haut du blason.

Le drapeau de Jérusalem est également significatif. Il comporte le même lion en posture rampante, le Mur occidental et les rameaux d'olivier, avec le mot "Jérusalem" inscrit en hébreu sous l'emblème.

Ces symboles sont importants pour les habitants de Jérusalem et ont une signification religieuse et historique profonde en tant que ville sainte pour les trois grandes religions monothéistes : le judaïsme, le christianisme et l'islam.

Jérusalem est souvent considérée comme un "Axis Mundi" ou un centre du monde dans de nombreuses traditions religieuses et cultures. Cette notion symbolique signifie que Jérusalem est perçue comme un point central qui relie le monde terrestre à un royaume céleste ou divin. Ce concept est largement illustré dans l'art et les cartes anciennes, où Jérusalem est placée au centre de la représentation du monde.

Les cartes que vous avez mentionnées, telles que la Hereford Mappa Mundi de 1280 et la carte du théologien allemand H. Bünting de 1581, sont des exemples de cartes médiévales qui placent Jérusalem au centre du monde. Ces cartes reflètent la croyance religieuse selon laquelle Jérusalem était un lieu saint et sacré pour les trois grandes religions monothéistes (judaïsme, christianisme et islam). En plaçant Jérusalem au centre de la carte, elles soulignent l'importance spirituelle de la ville dans ces traditions.

Cette conception d'un centre du monde n'est pas unique à Jérusalem et existe dans de nombreuses autres cultures à travers le monde, chacune avec ses propres points de référence sacrés. Jérusalem demeure toutefois l'un des exemples les plus célèbres et significatifs de cette idée d'Axis Mundi en raison de son importance religieuse et historique.

Printed in France by Amazon
Brétigny-sur-Orge, FR

16684645R00027